Im Wald ist es spannend.

Hier gibt es viele Bäume.

Hier gibt es wilde Bäche.

Wir entdecken Rehe.

Selten entdecken wir Wildschweine.

Wir sehen eine Eule.

Wir hören einen Specht.

Wir sind gern im Wald.

Man kann Verstecken spielen.

Wir können Stöcke schnitzen.

Wir finden tolle Sachen zum Bauen.

Hier spielen wir am Wasser.

Hier will ich klettern!

Wir beobachten Ameisen.

Sie haben viel zu tun.

Im Wald ist es spannend.